RÉPONSE

DU GÉNÉRAL KHÉRÉDINE

AUX OBSERVATIONS DE M. BENAIAD

SUR LA

ONZIÈME COMMUNICATION TUNISIENNE

(Teskérés de sortie d'huile.)

RÉPONSE

du Général Khérédine aux OBSERVATIONS de M. Benaïad

SUR LA

ONZIÈME COMMUNICATION TUNISIENNE

(Teskérés de sortie d'huile.)

M. Benaïad commence sa réponse à la onzième communication, en bâtissant tout un échafaudage sur *les comptes* de la Note explicative, et en donnant une interprétation *inexacte* et *arbitraire* à une déclaration du général Khérédine, ce qui nous oblige à rétablir les faits dans leur réalité.

Dans une de ses séances, le Comité invita le général Khérédine à s'expliquer sur une différence de chiffres entre le compte de Ben-Abbas et la Note explicative, et à vouloir dire auquel des deux comptes il fallait ajouter foi.

Le soussigné répondit qu'il avait rédigé la Note explicative sur de simples extraits qu'on lui avait envoyés de Tunis pour lui faire connaître l'ensemble des réclamations de son gouvernement;

Qu'il était possible que des erreurs se fussent glissées dans cette Note, et que dans tous les cas la copie authentique des registres du gouvernement devait être préférée à la Note explicative.

Dans la séance suivante, quatre jours après, en mettant sous les yeux du Comité les extraits qui avaient servi à la confection de la Note, il prouva matériellement que la différence sur laquelle on l'avait interpellé n'était qu'apparente et provenait de l'oubli de l'écrivain de passer

1856

©

1

un article; et que justement l'article oublié se trouvait inscrit au débit de M. Benaïad père dans le compte reconnu comme sincère et véritable par M. Benaïad lui-même.

Il est évident qu'il n'y a rien en tout cela qui puisse autoriser M. Benaïad à affirmer ou même à supposer que le général Khérédine ait dit ou voulu dire que les *comptes* de la *Note* explicative étaient des comptes *de fantaisie*, et qu'il *n'y fallait attacher aucune importance sérieuse.*

Le soussigné proteste, au surplus, qu'il n'a jamais dit cela, et qu'il n'a jamais eu l'intention de le dire.

On comprendrait, du reste, plus facilement la prise à partie de M. Benaïad contre la Note explicative, si, d'après les registres du gouvernement, il avait quelque droit à garder les teskérés d'exportation d'huile; mais, au contraire, des deux côtés le résultat est le même; et soit d'après les registres, soit d'après la Note explicative, M. Benaïad est obligé de rendre cesdits teskérés au gouvernement du Bey.

Il faut donc convenir qu'en qualifiant à sa manière les comptes de la Note explicative, M. Benaïad n'a eu d'autre but que celui de faire des phrases et les débiter comme des arguments.

M. Benaïad dit ensuite que par ses comptes il a *justifié les versements des quantités de blé et d'orge représentées par la valeur des teskérés en question;* mais par là il ne fait que déplacer la question, au lieu de répondre à nos arguments et aux questions posées par le Comité.

En effet, ce n'est pas la *réalité des versements faits contre des teskérés* ou ordres de Son Altesse que nous contestons, mais bien la *réalité* des versements que M. Benaïad *devait faire* à la Rabta, et dont il devait fournir la preuve d'après le contrat; c'est-à-dire l'exécution du contrat, soit la *réalité des achats* qui, d'après lui, auraient *fourni la matière* des versements dont parlent ces comptes.

Voilà la véritable question, et nous allons nous en occuper en détail.

La remise des teskérés de sortie d'huile pour faire les achats de blé et d'orge en question a donné lieu à un contrat entre Son Altesse le bey et M. Benaïad.

Il résulte de ce contrat :

Que M. Benaïad était *autorisé à vendre les teskérés pour acheter* des quantités déterminées de blé et d'orge, dont le prix était fixé d'avance ;

Que la moitié au moins de ces céréales devait être achetée à l'étranger;

Que M. Benaïad, dans l'espace d'un an au plus, en comptant du jour du contrat, devait *verser à la* Rabta, soit successivement, soit à la fois, *les quantités* de blé et d'orge qu'il aurait achetées ;

Que M. Benaïad devait fournir à Son Altesse la double preuve d'avoir effectué à la Rabta le versement des quantités qu'il aurait achetées, et de l'avoir effectué dans le délai stipulé d'une année, à partir de la date du contrat.

Après avoir indiqué le but et les conditions du contrat, nous allons examiner :

1° Quelle a été la cause du contrat, et quels sont les effets du contrat quant aux parties ;

2° Quels peuvent être les effets du contrat quant aux tiers ;

3° Si M. Benaïad a réellement vendu des teskérés de sortie d'huile, comme il le prétend, soit à MM. Pastré frères, soit à M. Donon ;

4° Si M. Benaïad a exécuté le contrat, c'est-à-dire s'il a acheté, comme il le prétend, les quantités de blé et d'orge pour lesquelles Son Altesse lui avait donné les teskérés de sortie d'huile comme anticipation de fonds.

PRIMO.

Quelle a été la cause du contrat et quels sont les effets du contrat quant aux parties.

La cause du contrat a été la *conviction* de Son Altesse, *motivée* par la *déclaration* de M. Benaïad, *que dans l'entrepôt général de la Rabta il n'y avait pas de blé et d'orge en quantité suffisante pour subvenir aux besoins du gouvernement.*

Cela résulte on ne peut plus clairement de la lettre de Son Excellence le khasnadar, que M. Benaïad a produite dans sa troisième communication.

Dans cettre lettre, S. Exc. répondait à M. Benaïad ce qui suit :

« Vous me faites savoir qu'il ne reste plus chez vous que très-peu de blé et d'orge insuffi-
» sant pour le service du gouvernement, et vous me demandez de porter cela à la connaissance
» de S. A. Je me suis empressé de le faire, et Elle m'a répondu que quand vous viendrez,
» elle vous fera connaître verbalement ce qu'Elle aura jugé convenable à ce sujet. »

Il résulte aussi de cette lettre que la *seule assertion* de M. Benaïad avait suffi pour faire *croire S. A.* à la *réalité* du *déficit* de la Rabta, et l'engager à pourvoir à cette nécessité.

Il est de principe admis par toutes les législations, que l'existence légale, soit la validité d'un contrat, quant à la substance de l'acte, est subordonnée à l'existence, à la réalité, à la vérité, à la sincérité, à la moralité de la cause qui lui a servi de base.

D'après ce principe incontesté et incontestable, la remise des teskérés de sortie d'huile, et *l'autorisation* de pouvoir les *vendre* pour *acheter* des *quantités déterminées* de blé et d'orge , étaient subordonnées, quant à l'efficacité légale, aux conditions suivantes :

1o Que tant que la cause du contrat aurait été reconnue *réelle*, *véritable* et *sincère*, Son Altesse ne pouvait se refuser à l'approbation de tout ce que M. Benaïad *aurait fait dans les limites du contrat* ;

2o Que si, au contraire, on venait à reconnaître que la cause du contrat était fausse, non existante ou entachée de dol ou de fraude dans son énonciation, la nullité du contrat s'en serait suivie avec toutes les conséquences de droit.

Or le gouvernement a *reconnu* et s'est *assuré*, par la *constatation du mode de perception et de versement* de M. Benaïad, que le prétendu déficit de la Rabta n'a jamais existé, et que la fausse énonciation de ce prétendu déficit n'a été qu'un prétexte de M. Benaïad pour donner le change sur les quantités de blé et d'orge qu'il avait accumulées par ses extorsions et par la violation de son contrat de fermage, et qui, de toute justice, étaient la propriété du gouvernement.

Et si la cause en vue de *laquelle seulement* on a pu obtenir le consentement de Son Altesse a été reconnue fausse, non existante, et son énonciation le résultat d'une machination, il est évident que le contrat doit être considéré comme nul et non-avenu, parce qu'il est admis partout que le dol et la fraude vicient le consentement et entraînent la nullité des conventions.

Les effets donc du contrat entre les parties sont :

Que le déficit de la Rabta (cause du contrat) *n'ayant jamais existé*, et le consentement de S. A. ayant été surpris, la convention a été nulle depuis le commencement, et il y a lieu à la restitution en entier.

SECONDO.

Quels peuvent être les effets du contrat quant aux tiers.

Nous avons déjà dit, dans l'article précédent, que l'autorisation donnée par S. A. à M. Benaïad de vendre les teskérés de sortie d'huile était subordonnée à la réalité et sincérité de la cause du contrat.

Or les mêmes conditions relatives à la validité du contrat régissaient aussi, depuis le commencement, la validité des ventes de teskérés qu'aurait pu faire M. Benaïad.

C'est-à-dire que tant que la cause du contrat aurait été reconnue véritable et sincère, S. A. n'aurait pu raisonnablement se refuser à reconnaître les ventes ; mais qu'une fois que la déclaration de M. Benaïad (cause du contrat) aurait été reconnue pour fausse et non existante, l'autorisation de vendre aurait été considérée comme nulle depuis le commencement, et S. A. n'aurait pasété obligée de reconnaître des ventes qui auraient été faites en vertu d'un consentement qui lui aurait été surpris et qu'elle n'aurait accordé qu'en croyant à la réalité d'une fausse déclaration.

Dans le fait donc, les effets du contrat, quant aux tiers, sont les suivants :

Que l'autorisation extorquée par M. Benaïad de vendre les teskérés ayant été nulle depuis le commencement, les teskérés ne sont jamais devenus sa propriété ;

Que personne ne pouvant transmettre plus de droits qu'il n'en possède, M. Benaïad n'aurait jamais pu transférer valablement et légitimement à d'autres la propriété des teskérés, puisqu'il ne l'avait pas lui-même ;

Que s'il avait vendu des teskérés à des tiers, il les aurait abusés en leur vendant *sciemment* la chose d'autrui, et serait tenu à leur répondre de l'éviction malgré toutes les *clauses libératoires* ;

Que, par conséquent, ces tiers *abusés* ne pourraient réclamer que contre leur vendeur,

1° Parce que la nullité de l'autorisation de vendre provient du fait de M. Benaïad et non de celui du gouvernement, qui a été, lui aussi, abusé ;

2° Parce que le gouvernement (quoique les créances de l'État soient privilégiées dans tous les pays) doit avoir *au moins* le droit d'un particulier, et pouvoir revendiquer ce qui lui appartient, avant et contre tous, sans s'occuper du reste.

TERTIO.

SI M. Benaïad a *réellement* vendu des teskérés de sortie d'huile, comme il le prétend, soit à MM. Pastré, soit à M. Donon.

Occupons-nous d'abord de la vente qui aurait été faite à MM. Pastré frères.

M. Benaïad prétend avoir vendu à MM. Pastré frères des teskérés de sortie d'huile pour la somme de 17,099,866 piastres.

Il a prétendu, en outre, qu'à la suite de cette opération, MM. Pastré ont dû envoyer et établir à Tunis un *agent à eux* pour vendre au commerce les teskérés qu'ils avaient achetés, et il a produit un contrat sous seing privé ayant l'air de constater la vente susdite.

Nous avons déjà dit et nous soutenons encore aujourd'hui, que M. Mercier n'a été que l'*agent de M. Benaïad*, et que malgré la production du contrat privé, la vente a tous les caractères de la simulation et n'a été qu'une affaire de complaisance.

Quant au contrat, nous ne croyons faire de tort à personne en disant que n'ayant aucun caractère d'authenticité, il n'a pas de date certaine, et par conséquent nous ne l'acceptons et ne pensons pas qu'on puisse l'accepter comme preuve en justice.

M. Benaïad écrivait à Caïd-Nessim, en date du 27 rabi-el-tani 1269, ce qui suit :

« *Vous me dites aussi qu'il existe entre les mains de Mercier* des teskérés d'huile nouvellement
» changés pour une valeur de 500,000 piastres ; mais qu'il n'existe pas de teskérés de tous
» les ports, et que si l'on vous en demande des ports que vous n'avez pas, vous ne pouvez pas
» les faire rechanger. »

Dans une autre lettre en date du 24 sfar 1269, M. Benaïad écrivait à Caïd-Nessim en ces termes :

« Quant à ce que vous me dites que si nous voulons garder les teskérés entre nos mains, il
» faut *enlever cette charge d'entre les mains de Mercier*, et faire avec lui les comptes nécessaires. »

(On voit bien qu'on ne peut rien désirer de plus clair que cette lettre, et que la conséquence en découle toute seule.)

Enfin, à la date de moharrem 1269, M. Benaïad écrivait encore à Caïd-Nessim ce qui suit :

« Faites-moi savoir pour quelle valeur Mercier a reçu des teskérés de vous et de moi par
» votre entremise, afin que je sache le total des comptes en permis d'huile que je vous trans-
» mettrai. — Selon mes comptes, les teskérés que je vous ai remis à vous et à Mercier, mon-
» tent à une somme de 3,523,817 p. ; il est urgent que vous remettiez le tout à Mercier. Fai-
» tes-moi savoir ses recettes, à combien elles montent tant en billets de banque qu'en argent
» comptant, et combien il reste encore chez lui en teskérés d'huile, et répondez-moi le plus
» tôt possible. »

(Voir ces trois lettres dans la onzième communication du soussigné.)

Il résulte incontestablement de ces lettres, que M. Benaïad négociait les teskérés pour son propre compte, par l'entremise de Caïd-Nessim et de M. Mercier, et que MM. Pastré frères n'y étaient pour rien.

De son côté, M. J. Pastré écrivait, en date du 20 octobre 1852, à S. Exc. le khasnadar :

« Ma maison de Marseille et M. Mercier vous feront connaître le résultat de nos conversa-
» tions avec M. le général Benaïad, et il en est résulté que notre ami commun m'a fait
» connaître que *ma maison de Tunis ne lui étant pas nécessaire, il ne voulait plus entrer dans*
» *de nouveaux arrangements.* »

Le 4 novembre 1852, M. J. Pastré écrivait ainsi à S. Exc. le khasnadar :

« J'ai eu l'honneur de vous écrire le 19 du mois passé, et je vous disais que S. Exc. Mah-
» moud Benaïad, *pensant que notre maison ne pouvait pas lui être utile aux conditions que*
» *nous avions posées,* A DÉCIDÉ NOTRE LIQUIDATION, à laquelle M. Mercier devait se préparer sans
» faute. Je désire que vous lui en facilitiez les moyens, etc., etc. (1).

Il résulte incontestablement de cette correspondance que la maison Pastré n'était à Tunis,
en la personne de M. Mercier, *que pour le compte* de M. Benaïad, et que ce n'est pas de
cette manière qu'aurait écrit une maison qui aurait eu pour 17,000,000 de teskérés engagés
à Tunis, et elle n'aurait pas ajouté, ainsi que l'a écrit M. Pastré à S. Exc. le khasnadar :
« *Nous n'avons plus aucun intérêt dans la Régence.* »

Mais il y a aussi des contradictions que nous allons retracer à la mémoire du Comité.

M. Benaïad dit à la page 7 de son Mémoire intitulé : *Deux notes à S. Exc. le ministre des
affaires étrangères,* que M. Pastré s'est transporté de sa personne à Tunis, pour obtenir de
Son Altesse la sanction de cette affaire ; mais que par des motifs d'un ordre élevé, Son Altesse
n'a pas préféré donner cette sanction à un étranger, quelque considération qu'elle eût pour lui.

. Et à la page 3 de son Mémoire sur notre onzième communication, il dit, au même sujet :

« M. J. Pastré s'est rendu de sa personne à Tunis ; *il s'est fait reconnaître* comme le por-
» teur sérieux et unique des teskérés, avec son associée la maison Fould. »

Le contrat produit par M. Benaïad porte que les teskérés ont été vendus *sans garantie* de la
part de M. Benaïad ; or M. Benaïad, à la page 4 du Mémoire que nous discutons, dit préci-
sément ce qui suit :

« Il a (lui, M. Benaïad) déjà déclaré depuis longtemps l'engagement qu'il avait pris envers
» MM. Fould et Pastré, de leur donner son concours et celui de ses agents habitués à ces
» opérations, pour le placement et le recouvrement de ces valeurs à Tunis. La situation du
» général Benaïad, à cette époque, était assez grande et assez influente pour que ce *concours*
» *fût une des conditions de l'affaire,* et qu'en même temps il fût, pour les deux maisons sus-
» mentionnées, UNE GARANTIE à l'égard du gouvernement tunisien. »

Comment mettre d'accord ce passage avec le contrat ? On voit bien que le désir de la
fanfaronnade l'a emporté sur la prudence, et que ce *miles gloriosus* ne peut pas se glorifier
d'avoir su cacher la vérité, ce qui, d'ailleurs, n'est pas facile.

Mais il y a encore une autre contradiction palpable, une autre incompatibilité absolue entre
le *contrat* et les faits.

---

(1) Voir les lettres de M. Pastré, onzième communication du soussigné.

Ce contrat porte à la fin de l'art. 1⁽ᵉʳ⁾ ce qui suit :

« Il (M. Benaïad) a *en conséquence fait* IMMÉDIATEMENT REMISE à MM. Pastré frères *des-*
» *dits teskérés, qui le reconnaissent* par ces présentes. »

On a vu par la lettre de moharrem 1269, que nous avons transcrite plus haut, que M. Benaïad faisait savoir à Caïd-Nessim que les *teskérés qu'il avait remis* à *lui* et à *Mercier* mon-
taient, *d'après ses comptes*, à une somme de 3,523,817 piastres.

Dans une autre lettre, en date de joumed el tani 1269, M. Benaïad écrivait à Caïd-
Nessim :

« Nous avons écrit par ce vapeur une lettre à notre fils Ahmed, par laquelle nous lui avons
» fait savoir de remettre à notre ami le négociant français Mercier, les permis de sortie
» d'huile qu'il a *sous sa main*, montant à 1,392,712 1/2 piastres tunisiennes. »

Or, comment admettre *qu'après la remise immédiate* DESDITS TESKÉRÉS à M. Pastré, M. Benaïad ait pu, postérieurement au contrat, remettre à Caïd-Nessim et à Mercier *lesdits teské-*
rés pour 3,523,817 piastres, et qu'on ait pu trouver lesdits teskérés pour la somme de
1,392,712 1/2 piastres *sous la main* du fils de M. Benaïad à Tunis?

Il est évident que si la vente avait eu lieu sérieusement, si la remise avait été faite *réelle-*
ment et *immédiatement ;* si M. Mercier avait été l'agent de M. Pastré, et non de M. Benaïad,
à Tunis, et encore que Caïd-Nessim n'eût été qu'un agent cédé, comme le prétend M. Benaïad, à M. Pastré ; il est évident, disons-nous, que les teskérés auraient été remis, soit à
M. Mercier, soit à Caïd-Nessim, non par M. Benaïad, mais par M. Pastré, et on n'en aurait
pas trouvé *sous la main* du fils de M. Benaïad , à Tunis (1).

---

(1) M. Benaïad prétend (page 5 de sa Note), sur la onzième communication tunisienne, qu'il fit un accord avec
la maison Pastré, par lequel celle-ci aurait établi une succursale à Tunis, avec la mission d'exécuter à Paris, à
Londres, à Marseille, à Alexandrie, etc., et de lui transmettre sur les lieux les différents achats qui lui seraient
demandés pour les fournitures de la Gorfa.

Bien des choses viennent faire tomber cette assertion trop tardive de la part de M. Benaïad.

M. Benaïad avait la direction de la Gorfa, et depuis longtemps faisait acheter, de France et de l'étranger, les
marchandises qui lui étaient nécessaires pour cet établissement. Par conséquent, il est difficile de croire que
cette idée ne soit venue à M Benaïad qu'en 1850, juste au moment qu'il était décidé de quitter Tunis, et qu'il
avait demandé sa naturalisation en France, en déclarant avoir l'intention de s'y établir. Mais on croirait plus
facilement que cette maison n'a été établie que pour cacher, sous le nom d'une maison française, des intérêts
qu'il savait être litigieux ; que la subvention de 125,000 fr. n'avait d'autre but que de dédommager la maison
Pastré de ses frais et de lui payer sa complaisance. Du reste, la concordance de la date de l'établissement de
cette maison avec celle de la prétendue cession des teskérés à la maison Pastré suffirait pour mettre à néant
cette prétention.

Encore une autre preuve :

Les mêmes intérêts qu'aurait eu M. Benaïad à avoir cette succursale existaient en 1852 comme ils existaient
en 1850, puisqu'il avait toujours la direction de la Gorfa. Comment se fait-il donc qu'à cette date M. Benaïad ait

La simulation de la vente des teskérés de sortie d'huile que M. Benaïad prétend avoir faite à M. Pastré est donc prouvée :

Par la forme du contrat ;

Par la correspondance de M. Pastré ;

Par la correspondance de M. Benaïad ;

Par les contradictions de M. Benaïad avec lui-même ;

Par les contradictions des expressions de M. Benaïad avec les termes du contrat ;

Par l'incompatibilité entre les énonciations du contrat et la réalité des faits.

Quant à M. Donon, la chose est encore plus simple :

M. Benaïad avoue lui-même qu'il n'avait fait cette vente que postérieurement à la circulaire de S. A. le Bey (mai 1853).

Cette circulaire, comme le dit aussi M. Benaïad, a été reproduite par les feuilles les plus accréditées de Londres et de Paris.

Indépendamment de la cognition qu'avait M. Benaïad de la fausseté de sa déclaration, et par suite de la nullité de l'autorisation, il est évident qu'après la publication de la circulaire du Bey et des articles sur les journaux dont se plaint M. Benaïad, les droits de ce dernier sur les teskérés devenaient litigieux aux yeux de tout le monde aussi bien qu'à ceux de M. Donon lui-même.

Or, de deux choses l'une :

Ou M. Benaïad a vendu à M. Donon des teskérés dont il n'avait pas la propriété, vu la fausse déclaration par laquelle il a extorqué l'autorisation du Bey, et alors M. Donon ne peut avoir de recours que contre M. Benaïad qui lui aurait vendu la chose d'autrui ;

Ou M. Donon a entendu acheter des droits litigieux, et alors M. Benaïad ne peut et ne doit pas nous opposer les marchés qu'il aurait passés avec son cessionnaire ou associé en litige.

Du reste, M. Benaïad ne nous fournit que son assertion pour toute preuve de cette prétendue vente, ce qui est un motif de plus pour que nous ne nous en occupions pas davantage.

Si la fausseté de la cause a entraîné de plein droit la nullité de l'autorisation donnée à M. Benaïad, de manière que les ventes de teskérés qu'il aurait faites ne sauraient ni engager le gouvernement, ni lui être opposées par les tiers ;

---

rompu avec MM. Pastré, et décidé la liquidation de cette succursale, comme le prouvent les lettres de MM. Pastré ? Ne voit-on pas, au contraire, que son seul intérêt était de cacher la propriété de ces teskérés sous un nom français tant qu'il était toujours Tunisien, et que, une fois qu'il avait obtenu sa naturalisation française, cet intérêt pour lui n'avait plus d'existence ? C'est ce qui a amené la rupture entre M. Benaïad et la maison Pastré.

On voit, par tout cela, que cette histoire des fournitures de la Gorfa n'était qu'un prétexte inventé par M. Benaïad pour mieux cacher au Gouvernement tunisien ses véritables relations avec cette maison.

N. B. — Cette note avait été omise dans la copie manuscrite.

2.

Si les ventes que M. Benaïad prétend avoir faites ne sont que des fantômes de vente enve-
loppées dans le manteau de la simulation,

Il y a présomption légale que le contrat n'a pas été exécuté non plus dans sa deuxième partie, c'est-à-dire que les achats de blé et d'orge n'ont pas été faits par M. Benaïad.

Voyons maintenant si cette présomption n'est pas confirmée par la réalité des faits.

QUARTO.

Si M. Benaïad a exécuté le contrat, c'est-à-dire s'il a acheté, comme il le prétend, les quantités de blé et d'orge pour lesquelles Son Altesse lui avait donné les tes-kérés de sortie comme anticipation de fonds.

Commençons par dire d'abord que M. Benaïad n'a jamais fourni au Bey la preuve (ainsi
qu'il s'y était engagé par le contrat) d'avoir effectué à la Rabta le versement des quantités
de blé et d'orge qu'il prétend avoir achetées en exécution du contrat.

Nous avons déjà dit, en commençant ce Mémoire, que nous ne contestons pas les quantités
de blé et d'orge versées contre des teskérés du Bey, mais que le versement de ces quantités par
nous non contestées ne constitue et ne peut pas constituer la preuve que M. Benaïad ait acheté
les quantités de blé et d'orge qu'il devait acheter, et qu'il les ait versées à la Rabta, confor-
mément au contrat.

Il est de notoriété publique que M. Benaïad ne gérait pas la Rabta par lui-même, mais
par l'entremise de ses agents. Il avait un agent chargé de percevoir et constater les rentrées,
et un autre chargé d'opérer les versements contre les teskérés ou ordres du Bey.

M. Benaïad a déclaré au Comité que l'agent chargé de constater l'entrée des céréales à la
Rabta était chargé aussi de ses récoltes particulières à lui. Cet agent, qui était un parent de
M. Benaïad et s'appelait Ali-Benaïad, présentait à son mandant, à chaque fin d'année, un
compte général constatant tout ce qui était entré à la Rabta, avec indication de la provenance
des recettes. Cela étant, il est hors de doute que si M. Benaïad avait *versé* à la Rabta les
quantités de blé et d'orge qu'il prétend avoir achetées, on aurait dû trouver la mention de ces
versements dans les comptes de cet agent.

Or nous avons produit trois de ces comptes sous les nᵒˢ 72, 73, 74; M. Benaïad, de son
côté, en a produit un auquel il a infligé préalablement le supplice de la mutilation pour le punir
de sa véracité ; mais ni dans l'un ni dans les autres on n'a trouvé aucune trace ou indication de versements de quantités provenant des achats en question.

Il est inutile de dire ensuite que ces quantités n'étant pas indiquées dans les comptes de l'agent chargé de constater l'entrée des céréales à la Rabta, ne peuvent non plus se trouver indiquées dans les comptes de l'agent chargé de la sortie.

Il résulte donc des livres des agents de M. Benaïad, qu'il n'a pas opéré de versement à la rabta, et que par conséquent les achats qu'il prétend avoir faits n'ont jamais eu lieu.

M. Benaïad a prétendu faire ressortir la preuve de l'existence du déficit de la Rabta et de la réalité des achats qu'il prétend avoir faits, par la différence numérique entre l'armée qui existait du temps de Bahram et celle qui existait de son temps ; nous reconnaissons tout l'à-propos de cette argumentation !

Personne mieux que M. Benaïad ne sait que du temps de Bahram, la rabta ne comprenait que les revenus des Dénéchers et de Djenenet-Baja, et non tous les revenus du gouvernement en céréales, comme de son temps et de celui de son père ; personne mieux que M. Benaïad ne sait que du temps de Bahram, quoiqu'il n'y eût que 4,000 Turcs à peu près organisés, l'armée irrégulière, composée la plupart de cavalerie, dépassait les 25,000 hommes, et était en bien meilleur état et beaucoup mieux nourrie que celle qui a été confiée aux soins tout particuliers du fermier général, dont elle se souviendra pour toujours.

Nous nous permettons de rappeler au Comité une circonstance qui prouve matériellement la non-existence des achats.

M. Benaïad n'a pris les dix derniers millions en *teskérés* qui lui ont été remis pour acheter des céréales que le 2 sfar 1268. Le 3 du même mois, il a reçu l'ordre d'acheter 15,000 caffis d'orge et 15,000 caffis de blé, et d'en effectuer le versement à la Rabta dans le délai d'un an.

M. Benaïad est parti de Tunis en châbên de la même, année pour opérer la vente des teskérés (un des motifs allégués pour son voyage en France), et la prétendue vente de ces teskérés à M. Donon n'aurait eu lieu, suivant la version même de M. Benaïad, qu'après l'ouverture du procès.

Et pourtant M. Benaïad prétend avoir acheté le blé et l'orge, l'avoir versé à la Rabta et de là aux porteurs de teskérés ; avoir retiré les teskérés des mains des porteurs, et ensuite les avoir remis à l'écrivain du Bey pour la confection du compte, et tout cela *avant de partir pour Paris* (pages 20, 21, *Deux notes*).

Cette contradiction si palpable, cette incompatibilité de date qui parle d'elle-même, prouvent à l'évidence que M. Benaïad n'achetait pas les céréales, mais qu'il vendait frauduleusement au gouvernement celles qu'il avait accumulées à la Rabta et qui se composaient des bonifications dont il aurait dû faire jouir le Gouvernement par l'exécution fidèle de son contrat de fermage et de la double mesure qu'il extorquait aux agriculteurs, toujours au nom du Bey.

M. Benaïad, voyant qu'il ne pourrait se relever jamais du coup de cet argument (que nous avons déjà produit à la page 10 de notre Réplique), a cherché à le faire oublier en changeant de système.

Il a sauté tout d'un coup la question des achats et de la nécessité de leur preuve, et il avance, dans la page 3 de son Mémoire sur notre onzième communication, « que les produits des » 23,000,000 de teskérés de sortie d'huile n'ont servi qu'à *couvrir les* ÉNORMES AVANCES qu'il a » faites pour nourrir l'armée du Bey. »

Nous devons savoir gré à M. Benaïad de cette déclaration, parce qu'elle prouve en une seule fois, et mieux que nous n'aurions pu le faire en mille, que les quantités de blé et d'orge que nous lui réclamons ne sont nullement exagérées.

Et en effet, comment aurait-il pu faire ces *énormes avances* si ce n'est en en accumulant les quantités correspondantes par le mode de perception et de versement que nous avons expliqué plusieurs fois?

Nous prions le Comité de prendre acte de cette déclaration, et de se rassurer en même temps sur la générosité de M. Benaïad.

M. Benaïad était chargé de recevoir et de verser ce qui appartenait au Gouvernement, mais n'avait pas le devoir de faire des avances. Il aurait pu en avoir la volonté; mais il a mieux aimé vendre au Bey ce qui était la propriété du Gouvernement, que faire des avances qui n'auraient été qu'une restitution.

Du reste, les amhras sont là, et prouvent qu'il s'agissait d'achats à faire et non de prêts à rembourser. Et ceci est tellement vrai, que S. A., en donnant à M. Benaïad le délai d'une année pour les achats, lui imposait la condition de fournir la preuve des versements faits à la Rabta des quantités qu'il aurait achetées.

Cette nouvelle invention de M. Benaïad, en désespoir de cause, prouve son impossibilité de justifier les achats qu'il prétend avoir faits, et pour lesquels les teskérés lui ont été donnés.

Si M. Benaïad avait réellement acheté la quantité de céréales corrélative aux teskérés, et qui ne s'élève pas à moins de 866,000 hectolitres, il n'aurait pas manqué de prouver ses achats, particulièrement depuis que le soussigné l'en a défié, et que le Comité l'en a formellement invité par une demande très-détaillée.

Comment M. Benaïad a-t-il répondu à cette demande du Comité? Où sont les contrats de nolissement et d'assurance, les connaissements, les factures, les traites, les quittances?

Rien de tout cela.

M. Benaïad se contente d'affirmer, à la page 3 de son Mémoire sur notre onzième communication, « qu'il a déposé au bureau du contentieux plusieurs pièces et dix-neuf de *ses* registres

» constatant des achats , tant à l'extérieur qu'à l'intérieur , de 118,000 caffis de blé et
» 85,000 caffis d'orge. »

Quant aux pièces, nous n'avons vu que des notes écrites en français sans aucun signe d'authenticité; et quant aux dix-neuf registres, ils ne nous ont été communiqués ni par M. Benaïad, ni par le Comité, ce qui nous rend difficile à croire de l'existence du dépôt de ces pièces, que nous avons le droit de compulser.

Mais sur quel nouveau principe de droit inconnu se fonde M. Benaïad pour se créer des titres à lui-même, et prétendre que ses registres doivent faire foi en justice contre des tiers, tandis qu'ils ne peuvent prouver que contre lui?

Est-ce que ce sont ses plusieurs pièces et ses dix-neuf registres, les documents et les pièces probantes que le Comité l'a engagé à produire?

Le défaut de preuves étant constant de la part de M. Benaïad, il demeure prouvé, au contraire, qu'il n'a pas exécuté le contrat, c'est-à-dire qu'il n'a ni acheté, ni versé à la Rabta les quantités déterminées de blé et d'orge pour lesquelles Son Altesse lui avait remis les teskérés de sortie d'huile comme anticipation de fonds.

CONCLUSIONS.

Il résulte incontestablement de ce qui précède :

Que, sur la déclaration de M. Benaïad, qu'à la Rabta il n'y avait plus de blé et d'orge en quantité suffisante pour subvenir aux besoins du gouvernement, Son Altesse remit à M. Benaïad les teskérés en question, avec *autorisation* de vendre ces teskérés et d'acheter des quantités déterminées de blé et d'orge dont il devait justifier le versement à la Rabta ;

Que, comme l'existence de tout contrat est subordonnée à la réalité et sincérité de la cause, de même l'efficacité de l'autorisation donnée par S. A. était subordonnée à la réalité et sincérité de la déclaration de M. Benaïad, quant au déficit de la Rabta ;

Que la déclaration de M. Benaïad a été reconnue fausse et entachée de fraude, attendu que le Gouvernement a constaté que le déficit de la Rabta n'a jamais existé ;

Que la fausseté de la déclaration de M. Benaïad a entraîné de plein droit la nullité de l'autorisation de Son Altesse ;

Que l'autorisation étant nulle depuis le commencement, la propriété des teskérés n'a jamais été acquise à M. Benaïad ;

Que, dès lors, M. Benaïad, ne pouvant transmettre plus de droits qu'il n'en avait lui-même, n'a jamais pu transférer à qui que ce soit la propriété des teskérés qu'il n'avait pas ;

Que, par suite, les ventes qu'il pourrait avoir faites ne sauraient engager le Gouvernement, qui conserverait son droit de revendication sur les teskérés, et que les acheteurs ne pourraient avoir de recours que contre M. Benaïad, comme vendeur de la chose d'autrui ;

Que, par le fait, les ventes que M. Benaïad prétend avoir faites ne sont que des ventes simulées ;

Que la simulation de ces ventes résulte de la correspondance de M. Benaïad et de ses associés, des contradictions de M. Benaïad avec lui-même, de ses contradictions avec les termes du contrat, et enfin de l'incompatibilité des énonciations du contrat (qui, d'ailleurs, n'a pas de date certaine) avec la réalité des faits ;

Que M. Benaïad n'a jamais prouvé ni les versements qu'il prétend avoir opérés à la Rabta, ni la réalité des achats qu'il prétend avoir faits ;

Qu'il est prouvé, au contraire, que M. Benaïad, au lieu de faire les achats pour lesquels les teskérés lui ont été remis, a vendu au Bey des quantités de céréales qui étaient à la Rabta, et qui, de tout droit, revenaient au Gouvernement ;

Que le consentement de Son Altesse ayant été surpris par la fausse déclaration de M. Benaïad, il y a lieu à la restitution en entier.

C'est pourquoi

Le soussigné, au nom de la bonne foi surprise, au nom de la confiance trahie, au nom de la justice universelle, demande contre M. Benaïad la restitution des teskérés d'exportation d'huile qui lui avaient été donnés pour faire des achats de céréales qu'il n'a jamais opérés.

Nota. Nous n'avons pas besoin de descendre à nous justifier sur la nouvelle accusation dont nous régale M. Benaïad à propos de l'ambra du Bey (sfar 1267). Nous ne contestons et nous n'avons pas contesté les conditions du contrat et les pouvoirs qui lui avaient été conférés par Son Altesse ; nous avons contesté et contestons l'existence de la cause du contrat (c'est-à-dire la vérité de sa déclaration quant au déficit de la Rabta), et avons soutenu et soutenons que M. Benaïad n'a jamais effectué les achats qu'il prétend avoir faits. N'ayant donc jamais contesté le contenu de l'ambra, il n'y avait et il n'y a pas de raison pour qu'on ait voulu supprimer un passage de l'ambra ; mais, en vérité, nous croyons manquer de respect à nous-même en continuant ces détails.

Au reste, la traduction contre laquelle se récrie M. Benaïad a été sinon faite, du moins collationnée par le consulat général de France à Tunis, et M. Benaïad ne peut pas prétendre que le consulat, qui n'est pas partie à l'affaire, avait un intérêt à modifier le texte de l'ambra.

N. B. — Cette note aussi n'a pas été insérée dans la copie manuscrite.

Paris, 15 juillet 1856.

www.ingramcontent.com/pod-product-compliance
Ingram Content Group UK Ltd.
Pitfield, Milton Keynes, MK11 3LW, UK
UKHW021722090726
13657UKWH00005B/2420